AF564138

SUJET

DES AMOURS DU SOLEIL.

TRAGEDIE EN MACHINES,

Representée sur le Theatre Royal du Marais, en Fevrier 1671.

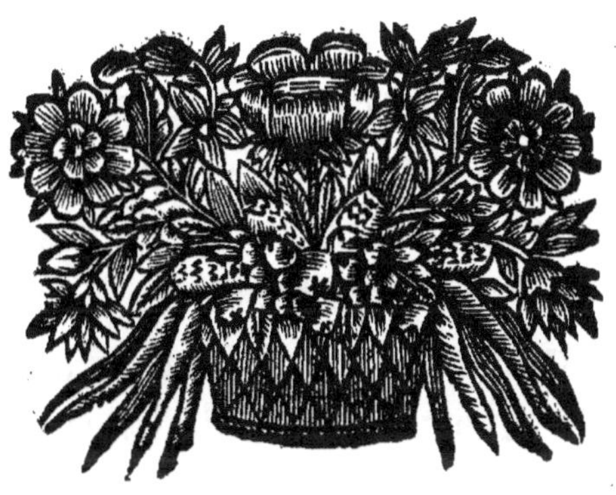

A PARIS,
Chez PIERRE PROMÉ, proche les grands Augustins, à la Charité.

M. DC. LXXI.

Avec Permission.

SUJET DES AMOURS DU SOLEIL, TRAGEDIE EN MACHINES.

Toute la France sçait que l'on a veu representer sur le Theatre du Marais des pieces en Machines, dont l'éclat & la magnificence ont fait quelquefois douter aux Estrangers, que des particuliers eussent pû faire une si grande despence. L'Andromede, La Toison d'Or, & la Semelé, sont les trois dernieres Pieces de Spectacle qui ayent paru sur ce superbe Theatre. Ce n'est pas que depuis quelques années, on n'en ait veu beaucoup dans le mesme lieu, ausquelles on a donné le nom de Pieces de Machines, bien qu'elles ne le meritassent pas tout à fait. Celle des Amours du Soleil ne doit pas estre mise au nombre de ces dernieres, puisque jamais aucune Troupe du Marais n'a fait voir un si grand Spectacle, & que celle qui l'occupe aujourd'huy a voulu montrer qu'elle estoit capable de soustenir une grande dépence, & faire en mesme temps perdre le souvenir des dernieres Pieces qu'elle a representées, qui ne pouvoient justement estre appellées Pieces de Machines, & à qui l'on n'a donné ce nom qu'à cause de quelques ornemens qui les faisoient paroistre avec plus d'éclat que les pieces unies. Je croy que l'on ne doutera point de la grandeur du Spectacle de celle qui fait le sujet de ce livre, lors qu'on sçaura qu'il y a huit changemens magnifiques sur le Theatre d'enbas, & cinq sur celuy d'enhaut, & que toutes ces superbes decorations seront accompagnées de vingt-quatre tant vols que Machines volantes ; ce qui ne s'est jamais veu, en si grand nombre dans aucune piece. Les Machines seront considerables par trois choſes, par leur grandeur, par la ſurpriſe des Spectacles qu'elles produiront, & par l'invention, eſtant certain qu'on n'en a jamais fait qui ayent produit de pareils effets, & que l'on en verra pluſieurs qui occuperont toute la face du Theatre. Le ſujet de cette piece eſt tiré du quatriéme Livre des Metamorphoſes d'Ovide. Le Soleil ayant découvert l'adultere de Venus avec Mars, cette Déeſſe outragée dans ſon amour voulut en eſtre vangée par l'Amour, & le rendit amoureux de Leucothoé fille d'Orchame Roy de Perſe. Cette nouvelle paſſion obligea le Soleil d'abandonner Clitie fille de Thetis & de l'Ocean qu'il avoit tendrement aymée. Il prit la forme de la mere de cette Princeſſe, pour entrer dans ſa chambre: Et Orchame l'ayant apris par Clitie, il ſuivit les mouvemens d'une cruauté qui luy eſtoit ordinaire, & fit enterrer ſa fille toute vive. Ainſi Venus fut vengée par la douleur que la perte de cette Princeſſe fit ſentir au Dieu du jour. Le Soleil indigné contre Clitie, ne la voulut plus voir, & ſon regret la fit bien-toſt apres mourir en langueur. Il les changea toutes deux, la Princeſſe en l'arbre qui produit l'Encens, & Clitie en ſoucy ou Tourneſol, pour marquer qu'elle eſtoit morte de ſoucy, & qu'elle avoit touſiours eu les yeux tournez vers luy, meſme apres en avoir eſté quittée. Voilà ce qu'en dit Ovide, & cette Fable fournit tous les caracteres; on y voit un Pere cruel, une Princeſſe tendre, une Amante abandonnée, & qui conſerve neantmoins ſon amour, un Dieu embaraſſé, & une Déeſſe qui veut ſe vanger, & qui apres avoir fait prendre de l'amour à Apollon, veut qu'il perde ce qu'il ayme ſans ceſſer de l'aymer. Tout cela ſans y rien ajouſter ny diminuer, fournit la matiere d'un tres-ample ſujet. Auſſi n'y ay-je ajouſté qu'un Prince Perſan qui eſt amoureux de Leucothoé. I'ay pourtant évité deux choſes qui ſont preſque dans toutes les pieces de Machines où il y a de ſemblables Amants; je veux dire que je n'ay

les artifices de Venus ; mais ce n'est qu'avant qu'elle ait triomphé. Car un Dieu ne defait point ce qu'un autre a fait, mais il peut agir pour servir ceux dont il prend le party, & les faire avertir de ce qui se passe. On a souvent veu des Dieux les uns contre les autres, & prendre des partis differens, les Poëmes de l'Antiquité en sont pleins. Ainsi ce combat de Dieux contre Dieux, est authorisé, & il rend les Machines justes. Elles sont necessaires, parce que Venus qui fait tout mouvoir n'agit que par là, & qui les osteroit destruiroit tout le sujet, puis qu'elles font tous les incidents. Rien ne dement la Fable dans la fin de cette Piece, non plus que dans le commencement ; & l'on peut dire qu'il n'y a rien qui n'en soit, puisque tous les caracteres en sont tirez, particulierement celuy de Clitie qui fut aymée du Soleil, qui en fut quittée, qui bien qu'abandonnée, eût tousiours les yeux sur son Amant, qui mourut de langueur, & qui fut metamorphosée en Girosol.

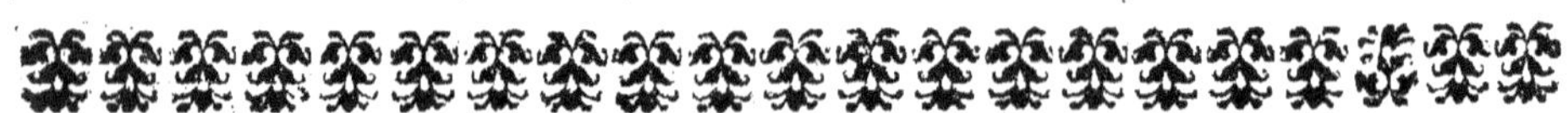

PROLOGVE.

L'Ouverture du Theatre fait voir des Rochers des deux costez, & dans le milieu le Mont Helicon avec ses deux croupes, sur l'une desquelles est le Cheval Pegaze, qui ayant ses aisles étenduës, & n'estant apuyé que sur un pied, semble prest à s'envoler. Vn air serain paroist entre ces deux croupes, qui fait un éloignement à perte de veuë. Toute cette Montagne est de grandeur naturelle, & mesme en relief: & l'on n'en doutera pas, puisque les neuf Muses sont dessus; accompagnées d'Apollon qui est au milieu d'elles. Rien ne fut iamais si naturel que cette Montagne, & les arbres en sont si bien detachez qu'il semble que la Nature n'ait rien produit de si beau. Apollon commence le Prologue, & dit

aux

aux Muses, qu'il faut qu'il les quite pour aller voir Leucothoé qui regne depuis peu sur son cœur. Les Muses luy témoignent leur chagrin de son depart, & la crainte qu'elles ont qu'il ne les abandonne, quand il sera arresté par l'Amour. Apollon leur répond que l'Amour a besoin des Muses: & que leurs vers aydent souvent aux Amants à faire des conquestes. Les Muses en demeurent d'accort & ajoustent qu'Apollon n'a pas besoin de leur secours pour plaire, qu'elles tiennent de luy tout ce qu'elles sçavent, & qu'elles ne seront plus considerées s'il les abandonne. Ce Dieu leur fait connoistre qu'elles ne peuvent estre abandonnées, que leur gloire croistra tousiours, & que les Dieux doivent donner à la France un grand Roy qui doit faire des choses estonnantes pour elles, qui fera refleurir les Sciences & les beaux Arts, & qui recompensera le merite de tous ceux qui en auront. Il les invite de donner tous leurs soins à travailler pour sa gloire, de le placer par avance au Temple de Memoire, & de le mettre au dessus de tous les demy-Dieux. Les Muses répondent, qu'elles le peindront si bien dans leurs Ouvrages que le Portrait ne s'en perdra iamais. Apollon leur fait voir qu'elles n'ont iamais eu de matiere si belle que celle que leur fourniront les exploits de ce grand Roy, qu'il sera le plus parfait modele que l'on puisse donner aux Monarques, & que ses Neveux auront quelque iour peine à croire ce qu'en raportera l'Histoire la plus modeste. Les Muses promettent de travailler pour luy avec plaisir. Apollon leur dit Adieu, & s'envole sur un nuage qui le prend au milieu du Theatre. Les Muses disparoissent & la Montagne demeure. L'Amour sort d'une des premieres aisles du Theatre, nonchalamment couché sur un nuage: & demande à Apollon s'il ose bien aller voir sa Maistresse, sans l'avoir consulté. Cela donne lieu à une Scene pleine de raillerie, dans laquelle chacun essaye de faire voir qu'il est plus puissant que l'autre. L'Amour se plaint de ce qu'Apollon a découvert à tous les Dieux les Amours de Mars avec sa mere, & le menace de s'en vanger. Mais il ne luy dit pas de quelle maniere il en tirera van-

geance : & pour l'embarasser, il l'asseure qu'il sera aymé de la Beauté dont il est épris, mais que sa mere sera pourtant vangée. Ensuite l'Amour s'envole d'un costé, pendant qu'Apollon est porté de l'autre par le nuage qui le soustient. On doit remarquer que l'Amour se détache du sien, qui se retire dés que ce Dieu s'envole, & que ce vol est plus surprenant que s'il estoit enlevé sur le mesme nuage.

ACTE PREMIER.

De grandes Allées de pins & de cyprez toutes remplies de Statuës de marbre blanc font la decoration du premier Acte, & le Ciel paroist dans l'enfoncement comme on le voit au lever de l'Aurore. Le Roy de Perse paroist dans ce Iardin avec un des Princes de sa Cour. Il luy dit que puisque tous les secrets de l'Estat luy sont desia connus, il luy en veut confier un autre qui regarde la Princesse sa fille, dont il ne peut assez condamner la foiblesse. Theaspe, c'est le nom de ce Prince, paroist d'autant plus surpris qu'il ayme secrettement cette Princesse. Le Roy luy fait connoistre qu'ils doivent s'éloigner pour découvrir ce qu'il luy veut faire voir.

Clitie paroist dans le mesme Iardin avec Nerice sa confidente, au moment que le Roy en sort. Cette confidente veut empescher cette Nymphe d'aller plus loin, en luy disant qu'elle voit quelqu'un. Clitie ne laisse pas d'avancer, & en luy descouvrant le sujet qui l'a fait venir dans ce Iardin, elle luy fait connoistre qu'elle ne sçauroit cesser d'aymer Apollon, encore qu'elle n'en soit plus aymée. Cette Scene fait connoistre son caractere.

Palmis, confidente de Leucothoé, paroist dans le mesme Iardin, & ne trouvant point le Dieu du Jour qu'elle cherche, elle fait une Scene avec Clitie qui l'interroge sur les

Amours de ce Dieu & de la princesse. Clitie se retire voyant venir sa Rivale. La princesse demeure avec sa confidente, & luy fait connoistre l'estat de son ame & les maux qu'elle craint, & qui semblent luy estre predits par les songes fâcheux qu'elle fait souvent. Palmis luy conseille d'aller dans l'Antre du Sommeil pour s'en éclaircir. Le temps se couvre & un nuage sombre les obligent à s'eloigner. Le Ciel s'ouvre, & le Soleil en sort dans un Char tout brillant, & tel qu'Ovide le dépeint, avec des roües d'or, & des rayons d'argent, traisné par quatre chevaux blancs qui souflent du feu. Il est sur un amas de nuages que les chevaux foulent, & ces nuages s'élevent encor autour du char, & au tour du Soleil. Cette brillante Machine éclairée de cent lumieres, s'avançant lentement, le Soleil fond un gros nuage obscur qui paroist à l'un des costez du Theatre vers le devant. On en voit peu à peu les nuages se dissiper, en se detachant tantost par morceaux & tantost par bandes, qui font de longues traisnées de nuages, entre lesquels de petits Jours laissent voir la clarté du Soleil. Ce gros nuage descend tousiours à mesure que le Soleil avance, & quand il est à terre il ne reste plus de nuages; & Venus qui estoit envelopée dans celuy que le Soleil a dissipé, reste à descouvert. Ce Dieu descend de son Char, les nuages qui l'environnoient se perdent, & le char s'en retourne. Apollon fait une Scene avec Venus, meslée de raillerie. Cette Déesse en se separant d'avec Apollon fait connoistre que c'est la hayne & la vangeance qui l'ameinent; & quand elle s'est retirée, ce Dieu fait connoistre aussi qu'il se doute qu'elle cherche à se vanger de luy. La Princesse voyant le temps serain revient dans le mesme lieu; elle trouve le Dieu du Jour, il luy parle de sa passion avec beaucoup de chaleur; & la princesse sans luy avoüer la sienne, luy laisse deviner qu'elle en sent beaucoup. Elle témoigne qu'elle craint qu'il ne soit encor touché des charmes de Venus ou de Clitie qu'il a aymées. ce Dieu l'a r'asseure & l'avertit de se deffendre des pieges de Venus, qu'il ne croit descenduë en terre, que pour traverser leur amour. La Princesse paroist moins allarmée de ce que Venus peut faire contre elle, que de la crainte qu'elle a d'estre surprise par son Pere, dont elle decouvre l'humeur cruelle. Elle l'aperçoit en ce moment, il ne paroist qu'à dessein de la surprendre, ne s'estant retiré que pour cela à l'ouverture de cét Acte. Apollon commande aux Brouillards de l'entourer. Ils s'en éleve un fort épais qui envelope le Soleil & se dissipe sans qu'on sçache ce que ce Dieu devenu. La Princesse se retire à la faveur du brouillard. cette avanture surprend le Roy & le Prince, qui n'avançant qu'à mesure que ce brouillard se dissipe, ne trouve plus personne. Le Prince s'emporte contre ce Rival inconnu, & le Roy qui ignore son amour attribuë ses emportemens à l'excés du zele qu'il a pour luy. Il parle de faire mourir sa fille. Ce Prince l'en detourne, le prie de ne point éclatter, & luy promet qu'il taschera d'aprendre le nom de l'Amant de la Princesse. Le Roy luy en laisse tout le soin: & va se divertir à la chasse pour oublier son chagrin.

ACTE SECOND.

UNe grande allée d'arbres verts découpez à jour, prend la place de la decoration du premier Acte, & l'œil peut à peine en decouvrir le bout. Venus y fait une Scene avec Theaspe, où elle luy declare qu'elle vient pour traverser les amours d'Apollon, & de la Princesse de Perse: & que la Discorde, l'Envie, & les autres filles d'Enfer, serviront son courroux. Elle luy exprime le plaisir que donne la vangeance, & luy dit qu'il rencontrera quelques momens heureux quand elle travaillera pour se vanger: & elle le quitte avec resolution de faire voir bien tost des effets de son ressentiment. Theaspe a de la peine à croire que la Princesse puisse cesser d'aymer un si grand

grand Dieu que le Soleil. Il aperçoit Clitie, & tasche de l'aimer contre Apollon, en luy conseillant de le brouiller avec sa nouvelle maistresse. Mais il ne la trouve pas disposée à suivre des conseils qui sont autant pour luy, que pour elle: de maniere qu'il se retire assez mal satisfait. Il la laisse avec sa confidente, avec qui elle fait une Scene touchant l'état de son cœur. La Princesse la surprend comme elle soupire: & l'excés de l'amour que Clitie ressent pour Apollon, fait que cette Amante se trahit elle-mesme, en engageant par le bien qu'elle dit de luy, sa Rivale à l'aimer d'avantage. Elle s'en repent en la voyant partir. Apollon vient un moment apres; & paroist surpris de trouver Clitie où il croyoit trouver la Princesse. Cette triste Amante ne s'emporte point contre luy: elle ne le traitte point d'infidelle, & luy fait seulement voir l'excés de sa passion, & se retire apres luy avoir fait une peinture touchante de tout ce qu'elle sent. Il en est attendry; mais il oublie cette renaissante ardeur à la veuë de la Princesse qui se plaint de ce qu'il soupire apres avoir veu Clitie. Il la rasseure, & se retire pour n'estre point veu de Theaspe qui cherche la Princesse. Ce Prince fait dans cette Scene ce qu'il a promis au Roy, dans le premier Acte: & quoy que cette Princesse n'eût jamais voulu luy faire connoistre qu'elle s'apercevoit de son amour pour elle, & qu'elle eût fait toute chose pour en éviter une declaration, il la met en estat de luy dire elle-mesme qu'elle en est aymée. Cette Princesse le prie de ne point découvrir à son pere qu'elle ayme le Soleil: ce qui embarasse beaucoup le Prince. La Jalousie paroist à un des costez du Theatre sous l'habit de Pallas, portée par un amas de nuages, aussi bien que l'Envie qui paroist de l'autre costé, sous l'habit de Mercure, portées par des nuages aussi qui produisēt un effect & jettent un éclat qu'on n'a point encor vû au Theâtre. Elles conseillent toutes deux à cette Princesse de ne plus aymer le Dieu du Jour, & mesme de ne luy parler jamais: &

s'en retournent par un vol croisé. Theaspe qui se doute que c'est un effet de l'artifice de Venus, veut tâcher de profiter de l'occasion: mais il n'en trouve pas la Princesse plus favorable à ses vœux. Elle se retire pour songer à ce qu'elle doit faire: ne voulant point prendre de conseil du Rival du Soleil.

ACTE TROISIESME.

Un Jardin fait la decoration de cet Acte, & il est si magnifique & si surprenant que l'on n'en a jamais veu un si beau sur la Scene. Ie ne m'arresteray point à le décrire, afin de laisser à l'auditeur le plaisir de la surprise. Venus y rencontre Clitie, qu'elle excite à perdre sa Rivalle: & se retire ne trouvant pas cette Nimphe disposée à suivre ses conseils. Clitie dit à sa confidente, qu'elle connoist bien que Venus vouloit se servir d'elle pour se vanger d'Apollon. Elle fait une Scene, avec la Princesse, qui luy dit les mesmes choses qu'elle avoit dessein de luy dire. Clitie qui croit de loin apercevoir Apollon, se retire, pour aller le joindre: & laisse cette Princesse avec sa confidente. Vn moment apres, trois femmes qu'on ne peut prendre que pour des Divinitez, paroissent dans trois nuages, que la clarté de plus de cent lumieres enfermées dans chacun, fait briller extraordinairement. Ces trois Nuages viennent de trois costez; & remplissent non seulement toute la face du Theatre, mais ils occupent encor une partie des aisles. Ils sont faits d'une maniere toute nouvelle: & l'on n'en a point encor veu de si brillans; mille petits Jours qui sont entre les roulemens, faisant paroistre une clarté qui pourroit seule éclairer tout le Theatre, & toute la salle, s'il n'y avoit point d'autre lumiere. Les trois personnes qui sont sur ces nuages, donnent des avis à la Princesse qui jettent son esprit dans de nouveaux embarras: & ces trois Machines s'elevant lentement pour s'en retourner, laissent voir à mesure qu'elles remontent, trois Furies qui excitent la curiosité du spectateur, & qui tiennent chacune en une main un flambeau allumé & plusieurs serpens dans l'autre. Elles n'ont pour coeffures que des serpens autour de la teste; leur habillement est une longue robe noire, toute semée de flâmes, avec une ceinture de plusieurs serpens. Ces Furies disent à la Princesse, que celles qui viennent de parler estoient des Fantosmes qu'elles animoient, par l'ordre de Venus: mais que l'ordre de cette Déesse estant executé, elles viennent par le commandement de Jupiter, luy dire ce qu'elles ont fait contre elle, & l'avertir que celles qui luy ont aussi donné des conseils, quelque téps auparavant, estoient la Jalousie, & l'Envie, sous l'habit & la forme de Pallas, & de Mercure. Ce qu'elles disent ensuitte, montre qu'elles peuvent faire de semblables messages: & je puis aiouster à ce qu'elles disent, qu'elles ne sont pas tousiours employées pour faire du mal, comme quelques-uns se persuadent. Virgile marque qu'elles sont devant le trosne de Jupiter, pour voir s'il se veut servir d'elles. Pausanias dit qu'Oreste qui les vit noires, quand il devint fol, les vit blanches, quand il revint en son bon sens. Aussi dit-on qu'il les appaisa s'estant acheminé à Argos, suivant le conseil de Pallas, & qu'il les nomma du mot Grec, Eumenia, qui signifie bienveillance, mansuetude, & benignité: & c'est pourquoy, elles ont retenu le nom d'Eumenides. Toutes ces choses sont plus que suffisantes pour authoriser ce que ie leur fais faire: qui à le bien prendre, n'est point tout à fait un bien, puisque l'avertissement qu'elles donnent nuit à Venus, & que c'est plûtost avoüer par force, le mal qu'elles ont fait, que rechercher d'elles mesmes à rendre service. Quand elles ont achevé de dire à la Princesse ce que Jupiter leur a ordonné de luy faire sçavoir, elles tombent aux enfers. La Princesse temoigne qu'elle n'est pas moins embarassée qu'auparavant: & en dit les raisons. Apollon qui a tout sçeu, par l'ordre de Jupiter son pere, tasche de remettre ſon eſprit. La Diſcorde paroiſt ſous l'habit & la figure de Junon : & veut empeſcher la Princeſſe de croire ce que les Furies luy ont dit. Apollon aſſeure la Princeſſe que ce n'eſt point Junon : & prie Jupiter de le faire connoiſtre. Jupiter paroiſt dans le ciel : & apres avoir decouvert que c'eſt la Diſcorde qui parle, ſous la forme de Junon, il lance la foudre. Le char ſe briſe en morceaux qui ſe ſeparent, & paroiſſent enflammez, au milieu de l'air. Ils ſe perdent de pluſieurs coſtez : & la Diſcorde tombe dans une des aiſles du Theatre. Il ne s'eſt jamais rien fait de ſi hardy, ny de ſi ſurprenant que cette machine : & le meſme char qui paroiſſoit tout brillant, tant il eſt enrichy, paroiſt en un clein d'œil tout en feu & en pieces ſans que le ſpectateur puiſſe decouvrir cómét ſe fót des choſes ſi extraordinaires. Si cette machine donne beaucoup de gloire au Machiniſte, celuy qui eſt dedans le char & dont depend une partie de l'execution n'en a pas moins ; & ſi l'Auteur oſoit, il diroit que ſon invention doit eſtre comptée pour quelque choſe. Il eſt à remarquer qu'encor que la Diſcorde ſoit foudroyée, elle n'eſt pas aneantie : & que Jupiter ne lance la foudre que pour briſer ſon char, afin de montrer par-là qu'elle n'eſt point Junon. Il la peut faire tomber de la ſorte, puis qu'il l'a une autre fois precipitée des cieux, apres qu'elle eût jetté la pomme d'Or, aux nopces de Pelée & de Thetis, il a bien auſſi precipité Vulcan, & le Sommeil : & il y a meſme des exemples qu'il a foudroyé des Dieux. Mais ce n'eſt pas icy un lieu pour en parler. Retournons à la Princeſſe, dont les bontez de Jupiter devroient avoir remis l'eſprit. Neantmoins, elle n'eſt guere plus ſatisfaite : & l'humeur cruelle de ſon pere l'empeſche de gouſter tranquillement, le plaiſir d'eſtre aimée. Elle quitte Apollon, parce qu'elle craint le retour de ſon pere, & qu'il ne la trouve avec ce Dieu. Il n'eſt pas long-temps ſeul. Clitie qui eſtoit allée par un autre endroit, pour le joindre, l'aperçoit un peu avant que la Princeſſe ſorte d'avec luy : & attend

tend qu'elle ſoit éloignée pour luy donner de nouvelles marques de ſa paſſion. Il fait voir ſon embarras, & ſe retire : & Clitie fait connoiſtre à ſa confidente qu'elle l'aymera toûjours & qu'elle va tout faire pour remplir la volonté du deſtin qui ſemble avoir reſolu qu'elle recherche toûjours à le voir.

ACTE QUATRIESME.

LA decoration repreſente l'Antre du Sommeil. Elle eſt remplie d'un nombre infiny de ſonges, ſous diverſes figures ; & l'on ne ſe peut rien imaginer qu'on n'y trouve. On y voit des ports de Mer, des Bachantes, des Geants, des Nains, des Vieillards, des Ruines, des Vazes, & Cuvettes d'or & d'argent, des Batailles, des Oyſeaux, des plantes, des Fleurs, des Incendies, des perſonnes, qui dorment & qui reſvent. On y voit auſſi des Villes, des Sacrificateurs, des Lions, des Tigres, des paons, & generallement tout ce que l'on ſe peut imaginer, puis qu'ils repreſentent les ſonges, & qu'il n'y à rien qu'on ne puiſſe ſonger. Ce ſurprenant Theâtre eſt d'un des plus habiles hommes de France : & qui à la main la plus hardie pour la detrempe. L'on n'en doutera pas quand on ſçaura qu'il eſt de celle de M. Prat & qu'il s'eſt ſurpaſſé luy meſme. Ce Theatre doit exciter beaucoup de curioſité : & une journée entiere ne peut ſuffire pour le bien conſiderer. On peut dire qu'il en renferme ſeul plus de trente, puis qu'un arbre où une colonne, où une ſtatuë ont juſques icy, fait ſeuls une decoration. Ie dis ſeuls parce qu'eſtant redoublez c'eſt toûjours la meſme choſe : Mais il n'en eſt pas de meſme de celuy cy ; puiſque l'on voit quelque choſe de nouveau, dans chaque chaſſis. Vers le bout du Theatre, le Sommeil eſt couché ſur un lit d'Ebeine. Il à une longue robe blanche qui marque le jour, & une noire parſemée d'Eſtoilles, qui mar-

besoin d'en exagerer la beauté qui n'a rien que de nouveau. Cét acte est si remply de machines & de vols, qu'il y a beaucoup de pieces entieres ou l'on n'en trouve pas tant. Le spectateur ne sçait d'abord ou jetter la veuë : & tout ce qui se passe devant, derriere, & a costé de luy, a dequoy l'occuper : & il voit tant de choses, coup sur coup, qu'il n'a pas le temps de les conter, & qu'il luy doit rester un desir extreme de les revoir. Theaspe trouve la Princesse dans le desert : & luy en dit les raisons. Elle le reçoit froidement, & ne se peut resoudre à l'aymer, encor qu'elle croye perdre Apollon. Elle se retire, & luy deffend de la suivre. Il en est au desespoir. Venus vient qui luy raconte par quels moyens elle a fait tout ce qui s'est passé & comment Æole la servie à la priere de Junon qui hait tous les enfans de Jupiter, & qui a long-temps poursuivy Latone sa Mere. Theaspe se retire, & Venus & Apollon font une Scene de raillerie, ou ils ont tour à tour l'avantage. Venus le quitte, en luy disant qu'encore que tous ses desseins soyent decouverts ; il luy reste encore un moyen de se vanger. Clitie qui ne peut vivre sans le voir, oblige ce Dieu à la plaindre & à luy faire connoistre qu'il luy reste beaucoup de tendresse pour elle. Il depeint l'Estat confus de son ame : & paroit plus touché que dans les deux Scenes qu'elle a faite avec luy. Il ne faut pas s'en étonner, on resiste une fois, ou deux, quand on a pris une forte resolution : Mais cela ne fait pas qu'on soit toûjours insensible. Les troubles du cœur d'Apollon ne donnent qu'un faux espoir à cette malheureuse Nimphe : & tout ce qu'il luy dit n'empesche pas qu'elle ne connoisse que la Princesse est toûjours la plus forte dans son cœur. Elle se retire avec ce chagrin : & Apollon qui demeure seul, fait connoistre l'estat de son ame. Puis sort pour aller r'asseurer l'esprit de la Princesse, & luy dire que tout ce qu'elle a veu dans l'Antre du Sommeil, n'est qu'un effet de la vangeance de Venus.

ACTE CINQVIESME.

ENcor que l'on ait veu dans les actes precedans, de differents endroits des Iardins du Roy de Perse, pour l'embelissement desquels l'Art & la Nature sembloient avoir épuisé leurs merveilles : Il faut neantmoins qu'ils le cedent à la beauté de celuy qui fait la decoration de cét Acte. Vn nombre infiny de Statuës differentes, de Fontaines & de Vazes remplis de fleurs en confusion, & tout ce qui se peut voir dans un jardin, se rencontre dans celuy-cy. Le Theatre est fermé par plusieurs Arcades qui composent un Berceau, au bout duquel on découvre un Partere remply de figures. Entre toutes les Arcades qui forment ce Berceau, on voit quantité de Termes qui portent sur leurs testes des corbeilles d'or pleines d'un nombre infiny de fleurs differentes, dont la vivacité réjoüit la veüe. Peut-estre que quelqu'un s'estonnera de ce qu'il y a tant de jardins dans cette piece : Mais on est en Perse dans les jardins comme on est icy dans des appartements, & les Roys y donnent Audience aux Ambassadeurs. De plus Apollon auroit esté découvert s'il eust esté voir souvent la Princesse dans le Palais, & quoy qu'il l'a voye dans des jardins, il luy marque mesme de la crainte d'estre descouverts, ils ne se voyent pas tousiours dans les mesmes endroits. Je pourrois alleguer d'autres raisons, mais ie fatiguerois la patience du Lecteur, qui cherche icy autre chose. C'est dans ce lieu que je viens de décrire qu'Apollon veut obliger la Princesse de demeurer quelque temps. Elle luy fait connoistre qu'elle n'y peut demeurer, parce qu'elle craint le retour de son pere, ou que la Reyne sa mere n'aille dans son apartement comme elle y va quelquefois à ces heures-là. Apollon dit un vers à part qui prepare

pare ce qu'il fait dans la ſuite, ſans qu'on le puiſſe deviner. La Princeſſe allarmée du dernier entretien qu'il a eû avec Clitie, luy fait connoiſtre qu'elle aprehende qu'il ne retourne à elle. Clitie qui ſurvient l'embaraſſe auſſi: mais il s'en démeſle adroitement & les laiſſe enſemble. Clitie qui ne s'abuſe pas fait tout ce qu'une Amante interdite, troublée, & qui n'eſpere plus rien eſt capable de faire, & la Princeſſe qui craint d'en eſtre touchée ſe retire. Clitie demeure quelque temps ſeule: & ce qu'elle dit juſtifie ce qu'elle vient de faire. Theaſpe tout tranſporté de jalouſie, luy vient dire qu'Apollon empeſchant par un pouvoir divin, que la Reyne n'allaſt voir la Princeſſe ſa fille dans ſa chambre, il en a pris la forme & le nom, afin de la voir ſans eſtre deſcouvert. Apollon prepare cela des l'ouverture de l'Acte. Le Roy arrive, & Clitie dont la jalouſie ne garde plus de meſures, apprend cette avanture au Roy qui en ſçavoit déja une partie, & qui avoit appris en chaſſant, des gens d'alentour, qu'on voyoit ſouvent le Soleil deſcendre autour de ſon Palais. Ce Monarque donne ordre bas à ſon Capitaine des Gardes pour la faire enterrer vive. Il s'eſtend enſuite ſur le crime de ſa fille, & dit cét ordre qu'il vient de donner. L'on ne doit pas s'étonner de cette cruauté, ſon caractere eſtant fondé par tout ou l'on parle de luy. Le Prince veut aller au ſecours de la Princeſſe: mais le Ciel s'ouvre, & Venus portée par ſon Etoile, luy dit d'arreſter & luy apprend que la Princeſſe a perdu la vie, encore qu'elle fut innocente, & qu'elle a pris ſoin que ceux qui avoient ordre de la faire mourir ne differaſſent pas ſon trépas. Elle fait connoiſtre qu'ayant trouvé dans Orchame, une ame à la cruauté preparée, elle l'a facilement porté à ſe deffaire de ſa fille, & que c'eſt le dernier coup qu'elle gardoit à Apollon, & dont il ne ſe doutoit pas. Elle fait voir le plaiſir qu'elle a de publier elle-meſme qu'elle eſt vangée, afin que

E

l'on ne doute pas que la mort de Leucothoè est son ouvrage. Les nuages l'envelopent, & Theaspe donne des marques d'un furieux desespoir, & le Roy qui ne sçavoit pas son amour l'apprend par là. On vient dire que Clitie est morte de douleur à cause que le Soleil ne vouloit plus la voir, parce que le raport qu'elle avoit fait à Orchame, de l'entreveuë de ce Dieu avec cette princesse, estoit en partie cause que ce cruel pere l'avoit fait enterrer vive : & c'est en effet pourquoy il l'a fait mourir dans la Fable. Si j'avance sa mort de quelques jours, j'ay fait plus qu'Ovide pour la preparer, puisque i'ay parlé par tout de sa langueur. Comme le mesme confirme la mort de la princesse, Theaspe s'abandonne entierement au desespoir, & apostrofant le Soleil, il luy dit qu'il devoit faire quelque chose pour luy marquer son amour, & l'a faire revivre. Quelque temps apres, les nuages s'eclaircissants pour laisser voir le palais du Soleil. Tout le Theatre se change en un Theatre de nuës, & la porte d'argent du palais de ce Dieu, paroist comme Ovide la despeint. La Mer est gravée dessus, & Neptune avec tous les Dieux Marins & les Tritons & le Zodiaque se voyent tout autour. Cette riche porte qui semble d'argent estant ouverte, laisse voir le palais du Soleil, soustenu de plusieurs colomnes ~~de lapis~~, dont les bazes & chapiteaux sont d'or, & l'on peut dire avec justice, que l'on n'a jamais rien veu dans le Marais qui ayt approché de ce grand Spectacle. On aperçoit d'abord sur des amas de nuages, les heures, les jours & les mois qui ont coustume d'accompagner le Soleil : & le Temps paroist au milieu avec sa faux & son horloge. On voit de grandes clartez qui semblent les destacher, & qui font de brillans éloignemens, dont on n'a point encor veu sur aucun Theatre. Ces nuages sont à l'entrée du Palais du Soleil, fait par le mesme qui a peint le Theatre des Songes & le mont Helicon. Il est d'or, dre dorique, avec des colomnes d'or, accompagnées de tous les ornemens d'une riche Architecture. Les voûtes sont a areste, & de lapis, le tout enrichy d'un nombre infiny de pierreries de toutes sortes de couleurs. Le Trosne du Soleil est demy octogone, & tout couvert de pierres precieuses qui jettent un éclat qui surprendra le Spectateur. Les quatre Saisons vestuës comme on les dépeint sont assises sur les marches de ce Trosne, & accompagnent le Soleil qui est assis dedans. Il declare ce qu'il a dessein de faire pour la Princesse & pour Clitie. L'amour paroist ensuite, à l'entrée de son Palais. Il dit à Apollon qu'il est satisfait d'avoir vangé sa mere, & qu'il peut desormais aymer sans craindre qu'il luy soit contraire. En finissant ces paroles, il s'envole en se precipitant, puis il va dans le Ceintre, en se relevant, tout d'un coup lors qu'on croit qu'il va s'arrester à Terre. Ce vol est extraordinaire : & l'on n'en a jamais veu de semblable. S'il est dû quelque gloire à l'Auteur pour l'invention de tant de Machines surprenantes, qui n'ont point encor esté veuës estant d'une invention toute nouvelle : Il n'en sera pas moins dû au sieur de Beaulieu Ingenieur, & qui fait aller toutes ces grandes Machines si l'execution répond au reste.

FIN.